MAURICE DOLLFUS

17 Novembre 1851 — 3 Juin 1888

ALLOCUTION

PRONONCÉE LE 5 JUIN 1888

À L'ÉGLISE DU SAINT-ESPRIT

Par M. le Pasteur Dhombres

En un an et quelques mois, la famille que nous entourons de notre sympathie chrétienne a vu se succéder dans cette Église trois cercueils.

C'était d'abord Madame Chanu, la femme au cœur charitable, la mère dévouée succombant à la souffrance dans la maturité de la vie; et le pasteur qui lui rendait les derniers devoirs, M. Abric-Encontre, devait la suivre bientôt dans la mort.

C'était ensuite M. Mathieu Dollfus s'endormant comme les patriarches, *rassasié de jours*. Et aujourd'hui c'est son petit-fils, Maurice Dollfus, qui tombe à la fleur de

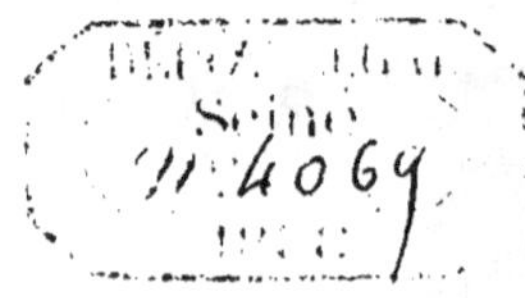

l'âge ; en sorte que la jeunesse et la vieillesse vont se rejoindre dans le même sépulcre, car ni l'âge, ni la fortune, ni le rang ne confèrent d'immunité contre la mort.

Maurice Dollfus a été frappé en plein bonheur. Certes, c'est là un des côtés mélancoliques de la destinée humaine, la fragilité de nos joies, même les plus pures. Qui dira pourtant que ces bonheurs de famille n'ont pas consolé la dernière période de sa courte vie ? L'affection ardente de sa jeune femme, le sourire de son enfant, l'inépuisable dévouement de ses frères et de ses sœurs, et cette tendresse infinie d'un père et d'une mère qui reparaît plus forte que jamais à l'heure de la détresse d'un fils, ont certainement adouci la tristesse d'une maladie longue et cruelle. Plus d'une fois Maurice Dollfus, atteint aux sources mêmes de la vie, a dû entrevoir la possibilité du suprême départ. Il regrettait, n'en doutez pas, le doux foyer qu'il s'était donné. Il regrettait

cette France qu'il avait eu l'honneur de servir. Il regrettait la vie qu'il quittait dans sa
fleur, et l'avenir terrestre qui se fermait pré-
maturément devant lui. Et Dieu les permet,
ces regrets d'un cœur jeune et ardent... Mais
lorsque la fin s'est approchée, Maurice Dollfus
a compris et il s'est détaché. Sa pieuse mère
nous a raconté elle-même comment ces som-
bres prévisions, qu'elle travaillait à combattre
dans le cœur de son enfant, ont été le moyen
dont Dieu s'est servi pour lui faire chercher
les consolations éternelles,—les seules qui lui
restaient; — avec quelle douceur il acceptait
les lectures de la Bible et les prières pronon-
cées à son chevet;—comme elle lui revenait,
la foi de son enfance, la foi, *vive représen-
tation des choses qu'on espère et démonstra-
tion de celles qu'on ne voit point ;* — avec
quelle soumission enfin il a pu boire son ca-
lice et s'endormir dans les bras de son
Sauveur. Heureux les fils qui sont enfantés
à la vie divine par les exhortations, les

exemples, les prières et les larmes de leurs mères ! Heureuses les mères qui, à l'heure suprême, peuvent être comme les pasteurs de leurs fils !...

J'ai dit que Maurice Dollfus avait aimé la France. C'est ici une page intéressante de sa vie que je veux vous redire. Il avait 19 ans et venait de passer ses examens d'admission à l'école de Saint-Cyr, lorsqu'éclata tout à coup la guerre de 1870. A partir de ce moment, il ne songe plus qu'à servir sa patrie et s'engage dans le régiment des mobiles du Calvados, parce qu'il était alors avec sa famille sur la plage d'Houlgate. Au cours de la campagne, il reçoit par ballon la nouvelle de son admission à l'école de Saint-Cyr, et en même temps le décret du gouvernement de la défense nationale qui le nomme officier, à titre provisoire, au 144me de ligne.

Après la paix douloureuse de 1871, Maurice Dollfus fait, avec toute sa promotion, son cours de Saint-Cyr, pendant une année, comme *officier élève*. A sa sortie de l'école, il est nommé au 107ᵐᵉ de ligne, et envoyé en Algérie où il passe une année et prend part à diverses expéditions. Lorsque son bataillon est rapatrié, il devient tour à tour officier d'état-major et officier d'ordonnance auprès de deux généraux à Limoges et à Périgueux. Mais la terre d'Afrique l'attirait... Il y revint pour entrer dans les affaires indigènes et mener cette vie active et indépendante qui répondait à son tempérament et à ses goûts. C'est là qu'il devait se faire aimer, non seulement de ses supérieurs et de ses subordonnés, mais encore des populations indigènes. Aussi, lorsque Maurice Dollfus renonça à la carrière militaire pour entrer dans la vie de famille, ses camarades voulurent lui donner, comme témoignage de leur estime et de leur affection, en même temps que comme souvenir de leur vie commune, le drapeau du *Goum* où il avait su acquérir tant d'influence sur ces populations lointaines, à peine civilisées. Et, au moment de son mariage, le scheick de ces tribus lui adressa un message touchant de félicitations.

Voilà la page publique et patriotique de la vie de Maurice Dollfus. Quant à la page intime, elle est écrite dans tous vos cœurs, chers affligés. Vous, sa femme bien-aimée, vous sa chère petite fille, vous ses frères et ses sœurs, présents ou absents, vous son père et sa mère, vous la garderez comme un trésor, cette page du souvenir. Vous la relirez souvent, vous l'arroserez de vos larmes... Mais à travers vos larmes, vous verrez cette autre page bien meilleure, la page de l'espérance éternelle qu'écrit pour lui là-haut, au livre de vie, Celui qui vous l'avait donné, Celui qui vous l'a retiré, Celui qui vous le rendra, parce qu'il est le Dieu d'amour et de grâce, qui est venu dans la personne de Jésus-Christ, *chercher et sauver ce qui était perdu !*

Et vous, amis, qui vous pressez en si grand

nombre autour de ce cercueil où disparaîssent tant de jeunesse et tant d'avenir... Ah! comprenez bien, comprenez, pour ne l'oublier jamais, que la vie terrestre, sans le Ciel qui en est le but, sans un Sauveur qui nous ouvre ce ciel, sans la foi en ce Sauveur qui devient en nous un principe de vie supérieure, nous affranchissant de l'empire du mal pour nous vouer à Dieu et au bien, — oui, comprenez que la vie terrestre sans Dieu, sans Christ, sans espérance, la vie terrestre aboutissant à une fosse où tout viendrait s'engloutir, ne serait qu'un affreux non-sens ou une amère ironie!

« Je m'en vais, s'écrie Bossuet dans l'oraison funèbre de la Princesse Palatine, je m'en vais, je suis emporté par une force inévitable. Tout fuit, tout diminue, tout disparaît à mes yeux. Il ne reste plus à l'homme que le néant et le péché. Pour tout fonds le néant, pour toute acquisition, le péché! Le reste, qu'on croyait tenir, échappe. »

Oui, tout nous échappe ou doit nous échapper, — excepté cette vie divine qui commence ici-bas en nous par la foi, mais pour s'épanouir là-haut ; — cette vie que je vous presse d'acquérir, en vous répétant la parole de l'apôtre : *Saisissez la vie éternelle!—*

Amen !

Paris. — Typ. J. Montorier.

Paris. — Imp. Maréchal et Montorier (J. Montorier, Sr), 10, passage des Petites-Écuries.

www.ingramcontent.com/pod-product-compliance
Lightning Source LLC
LaVergne TN
LVHW011931170726
843501LV00011BA/4340